\サクッと!/
頭がよくなる東大クイズ

Todai Quizzes to Instantly Improve Your Brain!

東京大学クイズ研究会

青春出版社

【 は じ め に 】

こんにちは、東京大学クイズ研究会です。
私たちは大学での勉強のかたわら、
クイズを研究したり、新しく考案したり、
テレビ番組などに問題を提供したりと、
日々、クイズを楽しむ活動をしています。

何でもすぐにネット検索できてしまう昨今。
頭の中に、知識・情報を「詰め込む」より、
それらを「どう活かすか」が、より重要になっています。

この本のクイズは、
単に知識の有無を問いかけるだけでなく、
頭の色々な部分を働かせ、持っている知識を活かして
答えを"見つけ出していく"クイズです。

カタく考えすぎると解けないけれど、
やわらかい発想で、クイズを楽しみながら考えていくと
答えが見えてくる、
そんなクイズが満載です。

解くよろこびが、脳のチカラに変わる!
さあ、 LET'S CHALLENGE!

◆───────────◆

東京大学クイズ研究会

CHAPTER 1

直感力クイズ

思考の瞬発力を磨け

問題 ①

□に入る言葉は何？

（□-「1画」）は

□のなかで最も賢い

Hint!
動物を表す漢字1字が入ります。

①の解答

A. **鳥（トリ）**

解説

「鳥」という漢字から、4画目の「一」を取り除くと、烏（カラス）。実際に烏（カラス）は鳥（トリ）のなかで最も賢いといわれています。 烏（カラス）といえば、黒い鳥の代表格として知られています。「烏龍茶（ウーロン茶）」は「茶葉が烏のように黒く、龍のように曲がりくねっている」ことから名付けられたという説もあります。

問題 ②

この問題の答えは？

23/30、24/31という分数が出てくることはあるものの、それ以外の分数は一切出てこない数字表は何?

Hint!
子どもから大人まで解読可能な数字表です。

② の解答

A. カレンダー

解説

　月の初めにあたる1日が金曜日もしくは土曜日だった場合に、表示が5列しかないカレンダーでは23/30、24/31という表示をすることがあります。

問題 3

●と○に入るアルファベットは何?

… 3● 2● ● F

●○ ○ 2○ 3○ …

Hint!
3●、3○より●○のほうがよく使います。

CHAPTER 1 直感力クイズ

A. ●＝H、○＝B

解説

3H 2H H F HB B 2B 3B …と鉛筆の硬さ（硬→軟の順）を表します。

問題 ④

○・△・□に入るひらがなは何？

A　　　　　　　B
○△□ ↔ △□○く

Hint!
AもBも漢字2文字で表せる言葉です。

の解答

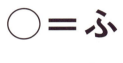

A.
___

(解説)

　○・△・□に　ひらがなを当てはめると、「ふこう（不幸）↔こうふく（幸福）」となって、右辺と左辺が真逆の意味になります。

問題 ⑤

この地図から連想されるスポーツは何？

Hint!

これは、1年のある動きを表しています。

⑤ の解答

A. 大相撲

解説

　この日本地図は、大相撲の本場所開催地を時系列で表しています。大相撲の本場所は、東京・両国国技館（1・5・9月）、大阪・大阪府立体育会館（3月）、愛知・愛知県体育館（7月）、福岡・福岡国際センター（11月）で開催されています（平成30年現在）。

問題 6

□□□□に入るアルファベットは何？

「What is the longest word in English ?」
「It is "s□□□□s".」

Hint!
質問の日本語訳は
「英語の中で一番"長い"単語は何ですか？」

⑥ の解答

A. mile

___

解説

「It is "smiles"(「笑顔」の複数形)」。「mile」は陸上競技で使われる距離の単位(1マイル＝約1.6km)である場合と、船の航行した距離を表す単位(1マイル＝約1.8km)である場合と2通りの使い方があり、表す距離がやや違ってきます。ですが、いずれの場合も「最初のsと最後のsの間が1マイル分離れている」といえば、少なくとも約1.6km以上は離れていることになり、見かけ上ものすごい「長さ」の英単語といえます。

問題 7

□に入る言葉は何?

□□吾

Hint!
同じ漢字1文字が入ります。

⑦ の解答

A. 言

解説

□に言を当てはめると、「言言吾」となります。「言吾」を「語」と解釈すると、「言語」という熟語になります。

問題 **8**

□に入る漢字はどれ？

```
      択
      │
  与 ─┼─ □
      │
      沖
```

【 東 西 南 北 】

Hint!
北の方角にある「択」は何を表していますか？

⑧ の解答

A. 南

解説

　地図で用いられる方位記号の周囲に、漢字が記されています。北にある漢字「択」は択捉島を、西にある漢字「与」は与那国島を、南にある漢字「沖」は沖ノ鳥島を表しています。択捉島は日本最北端の島、与那国島は日本最西端の島、沖ノ鳥島は日本最南端の島です。よって、□に入る漢字は、日本最東端の島・南鳥島の頭文字「南」となります。

問題 9

a・b・c・d・e・fに入る数字は何？

① ab夜

② cd音

③ ef長

ab × cd = ef

Hint!

①は「○○よい」、②は「○○○○おん」、③は「○○ちょう」と読みます。

 の解答

ab＝十六
cd＝五十
ef＝八百

A.

(解説)

十六夜（いざよい）、五十音（ごじゅうおん）、八百長（やおちょう）となって、十六×五十＝八百　が成り立ちます。

問題

ドイツが属するグループはどちら？

縦のグループ

イタリア　　　フランス
ベルギー　　　ルーマニア

横のグループ

オランダ　　　ハンガリー
ブルガリア　　ロシア

Hint!
アイルランドは縦のグループです。

⑩の解答

A. 横のグループ

解説

　各国の国旗が、「縦じま3色」の国旗なのか「横じま3色」の国旗なのか、で分けています。縦じま3色【イタリア　フランス　ベルギー　ルーマニア】、横じま3色【オランダ　ハンガリー　ブルガリア　ロシア】。ドイツの国旗は横じま3色なので、横のグループに属します。

問題 ⑪

この問題の答えは？

サイレンがうるさいとき、次のうちどれをつければ静かになる？

【 窓　戸　塀　柵 】

Hint!
この問題はノーヒントです！

の解答

A. 戸

解説

サイレン→サイレン戸→サイレント（silent「静か」の意味）

問題 12

□に入る都道府県はどこ？

岐阜、　群馬、　埼玉、　滋賀、

栃木、　□、　奈良、　山梨

Hint!
ある特徴をもつ県がある順番で並んでいます。

⑫ の解答

A. **長野**

解説

　海に面していない都道府県を あいうえお順に並べています。五十音順で栃木県と奈良県の間に挟まれる都道府県は、鳥取県・富山県・長崎県・長野県の4つです。そのなかで海に面していない県は、長野県だけです。ちなみに長崎県は、海に浮かぶ有人島の数が1番多い都道府県です。

問題 13

アルファベットを並び替えて、正しい文にしてください。

Eleven is eleven minus two.

Hint!

大文字の「E」は大文字のまま、小文字のアルファベットは小文字のままです。

⑬ の解答

Eleven is twelve minus one.

A. (11は12マイナス1です)

解説

「eleven two」を並べ替えると、「twelve one」となります。

問題 14

この問題の答えは?

>、<、+、×、= のみを1回ずつ使用し、自由に動かして、等式を完成させてください。

Hint!

記号を回すと意味が変わります。

⑭ の解答

A. $$V+V=X$$

解説

　不等号（＞、＜）を90度回転させることによって、ローマ数字で5を表すV（ブイ）になります。×をローマ数字で10を表すX（エックス）と解釈すれば、5＋5＝10を意味する等式が完成します。

問題 15

3つのグループすべてに属する漢字はどれ？

① 「口」のグループ
【先 笛】

② 「口口」のグループ
【文 路】

③ 「口口口」のグループ
【格 種】

【 消 費 者 物 価 指 数 】

Hint!

「口」「口口」「口口口」は
それぞれある漢字1字を表しています。

15 の解答

A. 数

解説

各グループは、「口」「回」「品」に対応します。

【先 笛】→先頭に「口」→【口先 口笛】

【文 路】→先頭に「回」→【回文 回路】

【格 種】→先頭に「品」→【品格 品種】

どの3つの漢字を「数」の先頭に付けても熟語(口数・回数・品数)ができるので、「数」は全てのグループに属します。

CHAPTER 2
分析力クイズ

広い視野で物事をとらえよ

問題 1

□に入る英単語はどれ？

CAR→KEY

NO→→HE

SEE→→→SAW

KNEE→→→□

【DO YOU KNOW THE LAW】

Hint!

HER→→□なら、□にWHOが入ります。

① の解答

A. KNOW

解説

英単語の読み方を、カタカナで表してみましょう。カー→キー、ノー→→ヒー、シー→→→ソー、ニー→→→□というように、→の数だけ、カタカナがずれています。ニー→→→□では、→の数は3つです。□には、「ノー」という読み方の英単語が入ります。【DO YOU KNOW THE LAW】のなかで「ノー」という読みをするモノは、「KNOW」しかありません。

問題 ②

AとBを分けている基準は何？

A	B
いらっしゃる	いらっしゃらない
一条天皇	六条天皇
鳥羽天皇	崇徳天皇
陽成天皇	清和天皇
土御門天皇	正親町天皇

Hint!
Aにはお名前の前にある漢字1字が付きます。

②の解答

それぞれの天皇の名称の前に「後」を付けた天皇がいらっしゃればA「いらっしゃる」、いらっしゃらなければB「いらっしゃらない」

A.

> 解説

　後一条天皇は第68代天皇、後鳥羽天皇は第82代天皇、後陽成天皇は第107代天皇、後土御門天皇は第103代天皇です。「後」の付く天皇は、北朝も含めると28人いらっしゃいます。そのうち、22人の天皇が「後」を取った名前の天皇もいらっしゃいますが、後深草天皇、後小松天皇、後柏原天皇、後奈良天皇、後水尾天皇、後西天皇の6人は、「後」を取った名前の天皇はいらっしゃいません。

※以上の記述は、首相官邸ホームページ内に記載されている『天皇系図』にもとづいています。解説文中の「いらっしゃる」「いらっしゃらない」という表現は、『天皇系図』に記載されているかどうかを意味しています。

問題 ③

□に入る数字は何?

2 1 1 1 □ 0 1 1 2 1 2 1

Hint!
2111□0112121が終わると、
また2111□0112121と繰り返します。

CHAPTER 2　分析力クイズ

③ の解答

A. 3

解説

1～12月までの各月と、その月にある「日本における国民の祝日」の日数を表しています。

日本における国民の祝日は、以下の15日となっています。
1月…元日・成人の日、2月…建国記念の日、3月…春分の日、4月…昭和の日、5月…憲法記念日・みどりの日・こどもの日、7月…海の日、8月…山の日、9月…敬老の日・秋分の日、10月…体育の日、11月…文化の日・勤労感謝の日、12月…天皇誕生日

問題

□に入る食べ物は何？

11001101=CD
11111010=FA
101110101101=BAD
101011101101=AED
1101111010101101=DEAD
1011111011101111=□

Hint!

数字4字で1グループと考えます。

の解答

BEEF
（牛肉）

A.

解説

　1010=A　1011=B　1100=C　1101=D　1110=E　1111=Fと対応しています。

　1011111011101111を1011／1110／1110／1111と分けると、上の対応式よりBEEFとなります。

　この対応式は、実際に用いられています。コンピュータの世界では0と1の数字だけが用いられている2進数の世界で、1011111011101111のように情報を表記します。

　しかし、このように表記すると長くなってしまうので、
0000=0　0001=1　0010=2　0011=3　0100=4
0101=5　0110=6　0111=7　1000=8　1011=9
1010=A　1011=B　1100=C　1101=D　1110=E
1111=F　と対応させて表記することがあります。
この表記法は、16進法と呼ばれています。

問題 5

○・□に入る言葉はどれ？

○ ÷ 喜 = □ ÷ 古
卒 ÷ □ = 白 ÷ ○

○の選択肢【 小 麦 米 分 】

□の選択肢【 蛇 之 目 傘 】

Hint!
お祝いを表す言葉の頭文字を表しています。

の解答

A. ○＝米、□＝傘

解説

「長寿のお祝い」を表す言葉の、頭文字を表しています。古希＝70歳、喜寿＝77歳、傘寿＝80歳、米寿＝88歳、卒寿＝90歳、白寿＝99歳、というように対応しています。

米÷喜＝88÷77＝8÷7＝80÷70＝傘÷古

卒÷傘＝90÷80＝9÷8＝99÷88＝白÷米

と当てはめると、式が成り立ちます。

問題 6

□に入る漢字は何？

下 – 参 – 画
紀 – 嗅 – 覚
句 – 互 – 角
毛 – □ – 格

【 規　資　品　価 】

Hint!
「画」「覚」「角」「格」はすべて「かく」と読みます。

⑥ の解答

A. 資

解説

「下（カ）、紀（キ）、句（ク）、毛（ケ）」という各漢字の画数は、「3画（さんかく）、9画（きゅうかく）、5画（ごかく）、4画（しかく）」となっています。「さんかく、きゅうかく、ごかく、しかく」という読みの熟語として、「参画、嗅覚、互角、資格」があります。つまり、「漢字の画数」の読みと「2字熟語」の読みが、対応しているのです。「下－参－画(下は3画)」「紀－嗅－覚(紀は9画)」「句－互－角(句は5画)」「毛－資－格(毛は4画)」

問題 ⑦

□□□□に入るアルファベットは何？

23：TT
45：FF
67：SS
89：EN
2010：□□□□

Hint!
この問題の目標タイムは1分です！

CHAPTER 2 分析力クイズ

⑦ の解答

A. **TZOZ**

解説

以下のように、それぞれの数字に、英語でその数字を書いた時の頭文字が対応しています。

1:「ONE」→「O」 2:「TWO」→「T」 3:「THREE」→「T」 4:「FOUR」→「F」 5:「FIVE」→「F」 6:「SIX」→「S」 7:「SEVEN」→「S」 8:「EIGHT」→「E」 9:「NINE」→「N」 0:「ZERO」→「Z」

問題 8

□に入るひらがな1字は何？

「ひじ」の3日後は「むら」

「かき」の4日後は「□い」

Hint!
「ひじ」と「かき」を漢字にしてみましょう。

⑧ の解答

A. は

解説

「ひじ」を漢字1字に直すと、「肘」となります。「肘」には、「月」が含まれています。「月」曜日の3日後は「木」曜日なので、「月」→「木」に置き換えてみると、「肘」→「村」となります。漢字をひらがなに戻せば、「ひじ」の3日後は「むら」という法則が成り立ちます。「かき」を漢字1字に直すと「柿」、「木」曜日の4日後は「月」曜日なので、「柿」→「肺」となります。ひらがなに戻すと、「かき」の4日後は「はい」となります。

問題 ⑨

□・△に入る国名は何？

①アフガニスタン　②アルバニア
③アルジェリア　④アンドラ
⑤アンゴラ
⑥アンチグア・バーブーダ
⑦アルゼンチン　⑧アルメニア
⑨□　　　　　　⑩△
⑪アゼルバイジャン ……

Hint!
⑨⑩ともに「ア」からはじまる国名ではありません。

⑨ の解答

A. □＝オーストラリア
　△＝オーストリア

解説

　国際連合加盟国が、アルファベット順に並んでいます。アルファベットで表記した場合は、以下のようになります。
①Afghanistan、②Albania、③Algeria、④Andorra、⑤Angola、⑥Antigua and Barbuda、⑦Argentina、⑧Armenia、⑨Australia、⑩Austria、⑪Azerbaijan……

問題 10

○・□に入る言葉は何?

同○　均○

○分　○級

同□　均□

□分　□級

○□

Hint!

○・□ともそれぞれ漢字1文字が入ります。

の解答

A.

解説

「同一」「均一」「一分」「一級」「同等」「均等」「等分」「等級」となります。

問題 ⑪

□に入る言葉はどれ？

　　　　→みだれ髪→
おはん←――――――日本沈没

高野聖　　　　　　方丈記
　　　⌒⌒⌒⌒⌒→

という法則が成り立つ時、

　　　　　　　　→□日記

【 嵯峨　更級　和泉式部
　　土佐　蜻蛉 】

Hint!
作品名、著者名を考えてみましょう。

 の解答

A. 土佐

(解説)

作品の著者名が、しりとりで繋がっています。

選択肢にあった名詞を□に当てはめると、作品名になります。作品名と作者名は、次のように対応しています。

- 嵯峨日記(さがにっき) — 松尾芭蕉(まつおばしょう)
- 更級日記(さらしなにっき) — 菅原孝標女(すがわらのたかすえのむすめ)
- 和泉式部日記(いずみしきぶにっき) — 和泉式部(いずみしきぶ)
- 土佐日記(とさにっき) — 紀貫之(きのつらゆき)
- 蜻蛉日記(かげろうにっき) — 藤原道綱母(ふじわらのみちつなのはは)

□に入れることができる作品の条件は、著者名をひらがなで表した時に、最初の文字と最後の文字が一致することです。よって、□に入る作品は、著者名が「き」で始まり「き」で終わる『土佐日記』です。

問題 12

□に入る漢字は何？

$$云 ÷ 公 = 0.25$$
$$古 ÷ □ = 0.01$$

Hint!

「云」を分解すると「ニム」、公を分解すると「八ム」になります。

12 の解答

A. 舌

(解説)

「云」を分解すると「二ム」に、公を分解すると「八ム」になるので、云÷公=二ム÷八ム=2÷8=0.25。同じように「古」を分解すると「十口」になることから、10口÷□=0.01であるなら、□に入るのは「1000口」つまり「千口」となります。「千口」を組み合わせてできる漢字は「舌」。

問題 13

この問題の答えは？

「Jpn」はどのグループに入る？

a のグループ：cnl、cco

i のグループ：lmt、dgt

e のグループ：svn、rst

o のグループ：cca、hnr

Hint!

「a」と「cnl」「cco」の関係を考えてみましょう。

13 の解答

A. aのグループ

解説

aのグループ: cnl、cco→canal、cacao
iのグループ: lmt、dgt →limit、digit
eのグループ: svn、rst →seven、reset
oのグループ: cca、hnr →cocoa、honor

というように、属するグループの文字を間に挟み込むと、英単語が完成します。

「Jpn」の文字と文字の間にはaを挟み込むと、「Japan」という英単語が完成します。

問題 14

□に入るカタカナ1字は、どれ？

旨方　然尭　少太　公木

失岡　寸□　愛未

【ネ　ク　ス　ト】

Hint!

「旨方」に同じあるものを足すと
それぞれ別の漢字になります。

14 の解答

A.

ネ

解説

2つの文字にそれぞれ曜日の漢字を付けると、意味をなす熟語になる組み合わせです。□に「ネ」を入れると、

旨方 →「月」を足す → 脂肪（しぼう）
然尭 →「火」を足す → 燃焼（ねんしょう）
少太 →「水（さんずい）」を足す→ 沙汰（さた）
公木 →「木」を足す → 松林（まつばやし）
失岡 →「金」を足す → 鉄鋼（てっこう）
寸ネ →「土」を足す → 寺社（じしゃ）
愛未 →「日」を足す → 曖昧（あいまい）
というように熟語が完成します。

問題 15

この問題の答えは？

日本銀行が発行している紙幣を使って10,000円ちょうど支払うとき、紙幣の組み合わせは何通り考えられる？

Hint!
この問題の目標タイムは5分です！

の解答

A. **11通り**

解説

1000円・2000円・5000円・10000円札の4種類。

この4種類の紙幣を使って合計が1万円になるような組み合わせは、「千、二千、五千、一万」→「0（枚）、0（枚）、0（枚）、1（枚）」「0、0、2、0」「1、2、1、0」「3、1、1、0」「5、0、1、0」「0、5、0、0」「2、4、0、0」「4、3、0、0」「6、2、0、0」「8、1、0、0」「10、0、0、0」の11通り。

CHAPTER 3

先見力クイズ

情報を整理して検証せよ

問題 ①

この問題の答えは？

東京・神田の古本街に
ある古本屋の入口は、
ほぼ同じ向きに設置されています。
それはどの向きで、その理由は何？

Hint!
大切な商品を守る知恵ですね。

の解答

A. 入口を北向きに設置することで、古本に日光が当たりにくくなるから

(解説)

　古本屋は、長い期間にわたって本を店に置いておくことが多いもの。一般的な書店と比べて、本の「日焼け」により注意しなければなりません。太陽の動きは「東→南→西」なので、入口を北向きにすることで、本が日差しを受けにくくなり、傷みにくくなるのです。

問題 ②

この問題の答えは？

遺言作成のために公証人のもとを訪れた男性が、免許証を公証人に見せました。すると公証人は、免許証を一目見るや「結婚されておりませんね、どうぞお掛けください」と言いました。公証人がそのように判断したのは、なぜ？

Hint!
これは日本国内における日本人同士のやりとりです。

の解答

A. 男性は、法的に有効な遺言を書ける年齢(15歳以上)だったが、法的に結婚できる年齢(男性18歳以上)ではなかったので

> 解説

　原付の運転免許などは、16歳以上ならば取得可能です。法的に男性が結婚できる年齢は18歳以上なので、免許証の年齢欄に18歳未満の年齢が記載されていれば、男性が未婚であることがわかります。ちなみに遺言作成は、未成年であっても15歳以上ならば単独で行うことができます。遺言作成者の意思が尊重されるので、未成年者による遺言作成の際でも保護者の同意は不必要です。

問題 3

□に入る漢字1字は何？

1 伊　2 黒　3 山

4 松　5 伊　……

…………………………

……　92麻　93鳩

94菅　95野　96□

Hint!
□は90にも入ります。

③ の解答

A. 安

解説

日本の歴代内閣総理大臣の名前の頭文字を順に並べています。伊藤博文→黒田清隆→山縣有朋→松方正義→伊藤博文→……（中略）……→麻生太郎→鳩山由紀夫→菅直人→野田佳彦の次は、安倍晋三の「安」が入ります。

問題 ④

□に入る地名はどこ？

最高気温の最低記録

順位	都道府県	観測所	観測地	℃	起日
1				-31.6	1963年1月24日
2	北海道	上川地方	旭川	-22.5	1909年1月12日
3	北海道	上川地方	和寒	-21.2	1985年1月24日
4	北海道	上川地方	名寄	-20.3	1977年1月21日
5	北海道	上川地方	士別	-20.1	1985年1月25日
6	北海道	上川地方	富良野	-19.8	1985年1月24日
7	北海道	上川地方	中川	-19.4	1985年1月24日
8	北海道	上川地方	上富良野	-18.9	1985年1月25日
9	北海道	上川地方	美深	-18.7	1985年1月25日
10	北海道	上川地方	比布	-18.5	1985年1月24日

気象庁ホームページより

Hint!

北海道でも北陸地方でもなく、
北国から遠く離れたある場所です。

④ の解答

A. 富士山頂

解説

　1963年1月24日に観測された最高気温-31.6℃という記録は、北海道・旭川が持つ2位の-22.5℃という記録に大差をつけるダントツの記録です。

　ちなみに、日本における「最低気温記録」第1位は、1902年1月25日に北海道・旭川で観測された-41.0℃ですが、富士山頂では、1981年2月27日、歴代最低気温記録4位の最低気温-38.0℃を記録しています。これは、最低気温記録TOP20においても、唯一北海道外における記録となっています。

　なお、その他の要因によって変動することもありますが、一般的には100m標高が高くなるごとに気温が0.6℃低くなるといわれています。

問題 5

この問題の答えは？

中生代に繁栄した恐竜。あれだけ大きな恐竜が1日にどれだけの食糧を食べていたのか。その推定量について、数倍の違いがある2種類の説があります。この違いを生むもっとも大きな原因は何？

Hint!
恐竜は人間と同じグループ？ 違うグループ？

⑤ の解答

恐竜が恒温動物か 変温動物か
A. わかっていないから

解説

　恒温動物とは、人間のように、常に体を一定の温度に保つことのできる動物のこと。変温動物とは、カメなどのように、体が一定の温度を保てず、日光浴などで体を温めたりする必要がある動物のこと。普通、体を一定の温度に保つ恒温動物は、そのエネルギーを確保するために、変温動物に比べてより多くの食べ物を食べなければなりません。なので、化石で恐竜の大きさや肉食／草食は分かっても、恐竜が恒温動物であるか変温動物であるかによって必要な食糧摂取量は変わってきます。しかし、太古に生息し化石しか残らない恐竜が変温動物か恒温動物かは未だにはっきりしていないので、恐竜が変温動物の場合／恒温動物の場合それぞれを仮定して推定食物摂取量を求めているのです。

問題 ⑥

この問題の答えは？

電車の発車時やドアが閉まる際に流れる発車メロディ。これをなくしたり短くしたりしようとする動きがあるのは、なぜ？

Hint!
心理学的な作用があるようです。

の解答

駆け込み乗車防止のため
（メロディの音を聞いて駆け込み乗車する人がいるから）

A.

> 解説

　近年では、JR高田馬場駅の「鉄腕アトム」やJR蒲田駅の「蒲田行進曲」など、独自の発車メロディを採用する駅も増えています。発車メロディには利用者に発車のタイミングを知らせるという目的があるのですが、これが発車間際の駆け込み乗車を誘発して危険ではないかという意見もあります。「電子音のメロディが『乗り遅れてはいけない』という気持ちを促す可能性も考えられる」というのがJR東日本の見解です。

問題 7

この問題の答えは？

アラブ圏では、時間以外に「ある機能」が付いた腕時計が大いに売れています。それは日本の腕時計にも付いていることがある機能ですが、その機能とは何？

Hint!

アラブ圏の多くの人にとっては生活に欠かせないものです。

の解答

方位磁針
（コンパス）

A.

> 解説

　アラブ圏の宗教であるイスラム教では、1日に5回、「サラート」と呼ばれるお祈りを行います。このお祈りの際にはメッカの方を向かなければならないという規則がありますが、外出先等でメッカの方角を知るのは非常に困難です。そのため、礼拝の方角がすぐわかるように方位磁針が内蔵された時計が売れているのです。

　ちなみに、この礼拝する方角のことを「キブラ」といい、イスラム圏ではメッカの方角を示してくれる「キブラコンパス」という方位磁針が日常的に使われているそうです。

問題 8

この問題の答えは?

インドで、1988年の独立記念日に発表され大ヒットした国民的楽曲「Mile Sur Mera Tumhara（私の調べとあなたの調べをひとつにしましょう）」。楽曲の知名度が高いにもかかわらず、1人で完璧に歌いきれる人はなかなかいません。それは、なぜ？

Hint!
インドという国の特徴を考えてみましょう。

の解答

歌詞中に14種類の言語が使用されているから

A.

解説

　インドは多民族国家であり、使用される言語の数も日本人からは想像もつかないほどの多さです。インド全体もしくは地域での公用語とされている言語のうち14言語が用いられています。同じ意味のフレーズを、各言語で歌いつぐ形式になっています。

　歌い手はインドの著名な俳優など総勢数十名で、国営テレビ局によって繰り返し流されたことで人々の耳に残る存在となりました。

　今やその知名度から、非公式の「第2の国歌」の異名を取る事もあるこの曲。2010年の建国記念日には、「Phir Mile Sur」(「Phir」は日本語で「再び」)という新しい曲が発表されました。

問題 9

この問題の答えは？

普通、大相撲の本場所は日曜日に初日が行われますが、1989年の初場所はある理由により月曜日に初日が行われました。この「ある理由」とは、何？

Hint!
1989年の出来事を思い出してみましょう。

⑨ の解答

昭和天皇
崩御のため

A.

解説

　1989年の初場所は当初1月8日の日曜日に初日が行われる予定でしたが、1月7日に昭和天皇が崩御したため初日が9日の月曜日に行われました。

　日曜日以外に初日が行われるのは、1場所が15日間になってから初めてのことでした。

問題 ⑩

この問題の答えは？

地球温暖化が問題になっていますが、1950年ごろの日本では、夏に日が沈む時刻が今よりも遅かったのです。その理由は何？

Hint!
1950年ごろの日本の歴史を思い出してみましょう。

⑩の解答

サマータイム制で時計が1時間早まっていた

A.

解説

　日本が占領されていた一時期、サマータイム制が採用されていました。ＧＨＱ（連合国軍総司令部）によって定められた法律・夏時刻法によって、夏の間は時計が1時間早まりました。サマータイム制を導入したことによって、石炭の節約効果は多少ありましたが、出勤時間が早まることによる残業増加という社会問題が発生しました。

問題

この問題の答えは？

レバーを上げ下げすることで水の出し止めを行う蛇口があります。かつては、レバーを下げると水が出る方式が普通だったのですが、現在では、レバーを上げると水が出る方式が普通になっています。かつての方式を採用することによるデメリットは何？

Hint!

ある出来事がきっかけとなり、全国的に現在の方式になりました。

⑪ の解答

A. 災害時に物がレバーにぶつかった際に、水が出続けてしまう

解説

　阪神大震災以前は、レバーを下げると水が出る方式が一般的でした。しかし、阪神大震災の際には地震による落下物によって、勝手にレバーが下げられてしまう事例が多く発生しました。その結果、水道の水が出続けてしまったのです。それ以後は、レバーを上げると水が出る方式が一般的となりました。

問題

この問題の答えは?

1936年のベルリンオリンピックでは、藤田隆治と鈴木朱雀という2人の日本人が銅メダルを獲得しました。しかし、彼らはスポーツ選手ではなく、また選手のコーチなどでもありません。では、彼らにメダルが授与されたのは、なぜ?

Hint!
1912年～1948年にあった競技です。

⑫ の解答

A. 当時、オリンピックにはスポーツを題材とした芸術作品の優劣を競う「芸術競技」があり、彼らはその選手だったから

解説

　現在から見ると違和感があるかもしれませんが、1912年のストックホルムオリンピックで初めて採用されて以降、過去7回の夏季オリンピックにおいて「芸術競技」は採用されています。これは、古代ギリシャのオリンピアードにも存在したもので、オリンピックの父と言われるクーベルタン伯爵によって近代オリンピックにも導入されました。

　しかし、判定の客観性・作品の運搬などの問題が噴出したため、芸術競技は1948年のロンドン五輪を最後に姿を消してしまいました。

　ちなみに、1912年のストックホルム五輪の芸術競技文学部門では、「オリンピックの父」クーベルタン伯爵自身の詩が優勝したといわれています。実はこの時、彼は自身の名が結果に影響する事を避けるために偽名で作品を出品したそうです。

問題 13

この問題の答えは？

CDや本などの世界の売り上げ数ランキングを見ると、日本のものが上位に入っている事は滅多にありません。しかし、「あるもの」の1日あたり売り上げ数に関しては、日本が全世界トップ10のうち実に5つを占めています。その「あるもの」とは何？

Hint!

多くの人が毎日見ているものです。

の解答

新聞
（日刊紙）

A.
___

> 解説

　WAN（World Association of Newspapers）調べによる世界の日刊紙売り上げ数トップ10のうち、5つを日本の日刊紙が占めています。日本国内での1日あたり総発行部数が約4500万部と、中国・インドについで世界3位であることや、他国と比べて新聞の種類が少ないこと等が、要因となっています。例えば、2009年時点で日本の日刊紙は全部で100種類超ですが、地方新聞が比較的多いアメリカではその10倍以上の種類があります。

問題 14

この問題の答えは？

近頃、様々な資源の枯渇が問題となっています。その解決の一端として、経済産業省は、2010年2月まで「たんす○○○○あつめタイ」という事業を展開していました。この「○○○○」の部分に入る言葉は何？

Hint!

多くの人が毎日持ち歩いているものです。

⑭の解答

A. ケータイ

> 解説

　金・銀・パラジウムなど、稀少な金属（レアメタル）の埋蔵量が少なくなる中、都市で使われた使用済みの物品に含まれるレアメタルを有効利用しよう、という運動が近年高まりつつあります。この「レアメタルが含まれる使用済みの物品」を「都市鉱山」といいますが、その中でも、配線に金などを多く含む携帯電話が特に有力視されています。

　2009年から2010年2月にかけて、経済産業省はそれらの使用済み携帯電話を「たんすケータイ」と名付け、「たんすケータイあつめタイ」という回収キャンペーンを行っていました。結果、約56万台の携帯電話を集めることに成功し、金22kg、銀79kgなど、多くのレアメタルを回収できたそうです。

問題

この問題の答えは？

第35代天皇・皇極天皇と第37代天皇・斉明天皇は、同じ時代を生きた天皇です。しかし、一切の確執はなかったと推測できます。その理由とは何？

Hint!
この問題の目標タイムは3分です！

⑮の解答

第35代天皇と第37代天皇は、同一人物だから

A.

解説

　第35代天皇は一度退位した後に第37代天皇として再び即位しています。

　このように、天皇が一度退位した後に再び即位することを「重祚（ちょうそ、じゅうそ）」といいます。他にも、第46代天皇が重祚を行っているので、第46代天皇・孝謙天皇と第48代天皇・称徳天皇は同一人物です。

※以上の記述は、首相官邸ホームページ内に記載されている『天皇系図』にもとづいています。

CHAPTER 4

発想力クイズ

やわらか頭で常識を打ち破れ

問題 ①

この問題の答えは？

東京・西日暮里にある『しすせそ』という名の飲食店が提供している食べ物は何？

Hint!
『しすせそ』の中に足りないものはありませんか？

①の解答

A. 讃岐（さぬき）うどん

> 解説

『しすせそ』という店名は、さ行（『さしすせそ』）から『さ』を抜かしたものです。すなわち、さ行の「『さ』抜き」です。「『さ』抜き」→「さぬき」→「讃岐」という連想によって、讃岐うどんを提供する店を『しすせそ』と名付けたとのことです。

問題 ②

この問題の答えは？

トーナメント戦における試合数は通常、「チーム数-1」試合です。例えば、8チームによるトーナメント戦では、1試合行うごとに1チームが敗退していくので、優勝チームを決めるには、7試合行われることになります。しかし、ある年の高校野球大会では、参加チームの数よりも試合数の方が多くなりました。これはなぜでしょう？

Hint!
引き分け等による再試合は試合数に含めません。

②の解答

敗者復活戦が
あったから

A.

(解説)

　第2・3回全国高等学校野球選手権大会では、敗者復活戦が導入されていました。1917年に行われた第3回大会では、なんと敗者復活した学校のひとつである愛知一中（現在の愛知県立旭丘高）が優勝してしまいました。1回戦で敗退した6チームから抽選で4チームを選んで、そのなかから勝ち残った2チームが敗者復活を果たせたのです。敗者復活戦を勝ち残った2チームは準々決勝に進んで、本戦に戻ることができました。そのために本戦が2試合余分にあったので、「全チーム数−1」試合＋2試合　＝「全チーム数＋1」試合行われました。ちなみに、敗者復活した学校が優勝した翌年からは、敗者復活制度が廃止となりました。

問題

この問題の答えは？

古美術品に詳しいあるタレントは、長年の経験から「掛け軸の真贋(掛け軸が本物か偽物か)は、90％当てられる」と発言しました。
彼はプロの鑑定士並みに美術品に詳しい訳ではないようです。この発言、どのような"もっともな理由"が考えられますか？

Hint!

この問題の目標タイムは3分です！

③ の解答

A. 掛け軸の多くが偽物であるから

解説

　全ての掛け軸に対して「この掛け軸は偽物」と言っておけば真贋判定率90％は達成できると思えるほど、掛け軸には贋作があまりにも多いのです。掛け軸だけではなく、他の古美術品においても贋作はつきものです。過去には日本の国立西洋美術館が、画商から「(偽の) 鑑定書つき」贋作を買ったこともあるほど、真贋の判定は難しいようです。

問題 4

この問題の答えは？

英語で
「State Electrician
（州の電気技術者）」
といえば、
どんな職業の隠語でしょう？

Hint!

アメリカでは、各州の法律によって
この職業がある州と無い州に分かれます。

④ の解答

電気椅子による死刑執行人

A.

> 解説

　アメリカでは法律が各州によって異なり、死刑が刑罰として法律で認められている州といない州があります。現在死刑執行の形態として電気椅子があるのはアメリカでもごくわずかの州で、死刑制度を導入している多くの州ではガス室や致死薬注射での処刑が行われています。処刑方法に電気椅子が導入されたのは、直流送電を推進するエジソンと、交流送電を推進するウェスティングハウスとの確執がもとになっています。

　交流が直流より優れていることが明らかとなり、エジソン社は市場でのシェアを失い始めますが、「交流電流は人を殺せるほどに危険であり商業用・家庭用には不向きである」ということを喧伝し評判を落とす目的で、ウェスティングハウス社の交流発電機を用いた電気椅子を推奨しました。結果、絞首刑に代わる人道的な処刑方法として電気椅子が採用され、1890年8月6日、愛人のティリー・ジーグラーを殺害した罪で死刑宣告を受けたウィリアム・ケムラーに、ニューヨーク州のオーバーン刑務所において世界初の電気椅子による処刑が執行されました。

　このときは最初に流された電流で死に至らず重症に留まり、2度目の電流を流さなければならなかったため、「人道的な処刑方法」とはならなかったようです。

参考：リチャード・モラン　岩舘葉子訳『処刑電流』みすず書房

問題 ⑤

この問題の答えは？

今世界的に使用されている暦（グレゴリオ暦）では、2月は28日もしくは29日しかありません。しかし、最も短い月をアメリカ人に尋ねると2月ではなく5月と答えました。一体どういうこと？

Hint!
1月〜12月を英語にすると…？

⑤ の解答

「つづりが」最も短い月を答えていた

A. _____

解説

1月から12月までを英語で表したときに、5月を意味する「May」のつづりは3文字で、12カ月の中で最も文字数が少なくなります。最も文字数が多いのは、9月を意味する「September」です。

問題 ⑥

この問題の答えは?

来場者に夢を与えることを第一とするディズニーランドでは、そのためにさまざまな試みがなされています。その一つとして、ディズニーランドでは普通の遊園地や公共施設では必ずと言っていいほど行われている「あること」をしていません。この「あること」とは何?

Hint!
こういった施設につきものの
とあるトラブルへの対応策です。

の解答

迷子の案内放送
（迷子放送）

A.

>解説

　もちろん、迷子対策をしていないわけではありません。迷子放送自体はなされないのですが、代わりにキャスト（従業員）が常に持ち場で迷子がいないかをチェックし、迷子を発見次第保護しています。そして、迷子の保護者は、キャストを通じて確認すればすぐに自分の子供が保護されているセンターと連絡がつくようにシステムが構築されています。

問題 ⑦

この問題の答えは？

海外での大事な文書には「Please print.」と書かれていることがありますが、この意味は何？

Hint!
「印刷してください」という意味ではありません。

⑦ の解答

A. **(筆記体ではなく) 活字体で書いてください**

〔解説〕

筆記体で書かれたアルファベットは、読もうとしても読めないことがあります。そこで、重要文書などで字の読みやすさを重視する際には、活字体を要求されることがあります。例えば、「Please print your name and address.」と言われた際には、自分の名前と住所を活字体で丁寧に書くように促されています。

問題 ⑧

この問題の答えは?

1965年11月9日、アメリカ・ニューヨーク市で大停電が起こりました。この停電は午後6時から明け方の4時前まで続き、多くの人が地下鉄に閉じ込められたり、新聞が休刊になったりと大騒動になりました。

この大停電の1年後の1966年、ニューヨーク市が1966年のある統計が倍増したと発表したところ、アメリカの新聞記者たちが爆笑した、という話が残っています。では、一体どんな統計が倍増したとされたのでしょう?

Hint!

この問題の目標タイムは5分です!

 の解答

出生率

A.

> 解説

　つまり、1965年の大停電で何も娯楽が無くなった人々がいろいろと励んだ結果、翌年の出生率増大に繋がったのであろうという憶測が大爆笑を巻き起こしたのです。

　この時の停電はニューヨークでは11月9日の午後6時から翌日午前3時35分までおよそ10時間にわたって続きました。また、ニューヨークのみならずカナダの一部や北米の多くの地域でも停電し、影響を受けた人は3000万人とも言われています。

　ニューヨークでは、ちょうどラッシュアワーと重なったため、地下鉄には実に約60万人の乗客が閉じ込められてしまいました。

　ちなみに、最近発生したニューヨーク大停電などでも同様の話はあるのですが、現在では、それらの統計と停電には特に関連性はなく、単なる都市伝説ではないかと言われることが多いようです。

問題 9

この問題の答えは?

2010年1月1日に日本で月食が見られましたが、元日に月食が起きたのは「日本史上初」です。月食は平均して1年に約1.5回起こるので、確率的にはもっと前に起こっていてもよさそうなのですが、2010年に至るまで日本で元日に月食が起こらなかった最大の理由は何でしょう?

Hint!

月食とは太陽と月との間に地球が入って一直線になったとき、太陽の光がさえぎられて地球から見える月の面が欠ける現象ですね。

⑨ の解答

日本では
かつて太陰暦が
採用されていたから
A.

解説

　日本では1872年まで、月の満ち欠けの1サイクルを1カ月の基準とする太陰暦(正確には、太陽の公転による季節の変化とのズレを調整した太陰太陽暦)を採用しており、太陰暦では毎月1日は新月であり欠けようがないため、2010年に至るまで元日に月食が起こることはありませんでした。

問題 10

この問題の答えは？

昭和初期に、ある球場で観戦する観客の多くが白いTシャツを着ており、それが一面の雪のように見えたために呼ばれるようになった呼称があります。さて、何のこと?

Hint!

その名付け親は、「芸術は爆発だ」や「太陽の塔」で有名な芸術家岡本太郎の父、漫画家の岡本一平です。

⑩ の解答

A. 阪神甲子園球場のアルプススタンド

> 解説

　昭和4年（1929年）に甲子園球場の内野スタンドの一部が木造20段からコンクリート50段に変わりました。そこに座る超満員の観客が白いTシャツを着ているのを見て、岡本一平が、「そのスタンドはまた素敵に高く見える、アルプススタンドだ、上の方には万年雪がありさうだ」と朝日新聞に漫画を描いて以来、アルプススタンドという呼称が定着しました。

問題 ⑪

□に入る記号は、◆、♠、♥、♣のうち、どれ？

どら焼き＋芯＋M＝
　　　　ドラム＋屋敷＋¥

どら焼き＋肩＋V＝
　　　　たい焼き＋過度＋□

Hint!

ドラヤキ＋シン＋エム＝ドラム＋ヤシキ＋エン
ドラヤキ＋カタ＋ブイ＝タイヤキ＋カド＋□

⑪ の解答

A. （ハートマーク）

解説

右辺と左辺を見ると、使用されているカタカナが全く同じです。よって、□には『ラブ』を意味するマークが入ります。トランプに用いられている記号の内、『ラブ』を意味するものは「♥（ハートマーク）」です。

問題

この問題の答えは?

1953年の紅白歌合戦は、紅組と白組の両者とも勝利しています。引き分けではありません。一体何があったのでしょうか?

Hint!
当時は、テレビの本放送が開始される前でした。

⑫ の解答

紅白歌合戦が
1年に2度
開催された

A.

解説

今では紅白歌合戦は大晦日の風物詩ですが、放送開始当初は正月に放送されていました。1953年には正月（第3回）と大晦日（第4回）の両方で放送されて、正月には白組が、大晦日には紅組が勝利しました。NHKがテレビの本放送を開始したのは1953年2月1日なので、大晦日の放送になってからはテレビでもラジオでも紅白歌合戦を楽しめるようになりました。

問題 ⑬

この問題の答えは？

徳政令　江戸幕府　集団疎開
発明品　応援歌　助成金
非公式　家政婦　甲府市
新撰組　絹織物

各単語から1文字ずつ抜き出して順番通りに組み合わせると、ある2つの言葉ができます。その2つの言葉を別の表し方にしたとき、登場する和菓子は何？

Hint!

各単語から1文字ずつを上手く抜き出すと、ある2つの言葉ができます。

13 の解答

お団子

A.

解説

各単語から1文字ずつを抜き出すと、「政府開発援助」「非政府組織」という2つの言葉ができます。政府開発援助 は ODA（Official development assistance）という略称で、非政府組織はNGO（Non-governmental organization）という略称で呼ばれています。 ODA＋NGO＝ODANGO なので、「政府開発援助非政府組織」を置き換えると「ODANGO（お団子）」となります。

問題 14

この問題の答えは?

三菱東京UFJ銀行は銀座支店、六本木支店など、全国各地に支店がありますが、「日本一支店」という支店も実在します。この「日本一」支店があったのは、どこ?

Hint!

大阪にある町の名前を略して「日本一」としています。

⑭の解答

A. **日本橋一丁目**

解説

　平成23年に支店統合されるまでは、日本橋一丁目にありましたが、現在は大阪市中央区難波千日前にあります。大阪府の日本橋一丁目は略すと「日本一」という縁起のいい言葉になるため、かつては多くの銀行がここに「日本一支店」を建てていました。ちなみに大阪の日本橋は「にっぽんばし」が正しい読み方なので、「日本一支店」も「にっぽんいちしてん」と読むのが正解です。

問題 15

この問題の答えは？

1982年、ジンバブエでは「バナナ」という言葉を使ったジョークを禁止するという、おかしな法律が制定されました。これは、なぜ？

Hint!
そ、そんなバナナ…!

⑮の解答

大統領の名前が「カナーン・バナナ」だったから

A.

解説

　カナーン・バナナ（1936-2003）は1980年から1987年にかけてジンバブエの初代大統領を務めました。ジンバブエはアフリカ大陸南部の国で、近年ではロバート・ムガベ大統領の独裁政治や、通貨のジンバブエ・ドルの驚異的なインフレが話題となりました。この他日本人から見て面白い名前の大統領には、中央アフリカの大統領を務めたデヴィッド・ダッコや、フィジー共和国の大統領を務めたジョセファ・イロイロ、アイルランドの首相を務めたバーティ・アハーン、フィンランドの首相を務めたエスコ・アホなどがいます。

CHAPTER 5 問題解決力クイズ

「知の総合力」で解きぬけろ

問題 1

○・□に入る漢字は何？

「○−9=□」

「○は□の一種」

Hint!
それぞれ動物を表す漢字1字が入ります。

①の解答

A.

$$○ = 鳩（ハト）$$
$$□ = 鳥（トリ）$$

(解説)

○・□に漢字を当てはめると、「鳩−9（九）＝鳥」「鳩は鳥の一種」となり、式と文章が成り立ちます。

問題 ②

1つだけ仲間外れの単語はどれ?

HI YUM BE VOW TAX

Hint!
アルファベットのかたちに注目してみましょう。

② の解答

A. **BE**

解説

BE以外の単語は、すべて左右対称なアルファベットによって構成されています。ちなみに、左右対称なのは、アルファベット26文字中11種類で、「BE」以外の単語にすべて1回ずつ使用されています。

問題 3

□に入るアルファベットは？

$$60 - 40 + 4 - 6 = U$$

$$9 + 3 + 2 - 1 - 13 = W$$

$$80 - 8 = \square$$

Hint!

それぞれの数字を英語で表してみましょう。

③ の解答

A. **Y**

解説

それぞれの数字を英語で表すと、SIXTY − FORTY + FOUR − SIX = U、NINE + THREE + TWO − ONE − THIRTEEN = W となります。使用するアルファベットを足し引きして残ったアルファベットが、右辺に書かれています。80 − 8 = □ でも同様に表すと、EIGHTY − EIGHT = □ となるので、□にはYが入ります。

問題 4

□に入る漢字は何？

HOW→穴

KNEE→仁

HE→□

Hint!

発音に注目してみましょう。

④ の解答

A. 化

解説

HOWは「ハウ」という発音なので、「ハウ」を組み合わせてできる漢字『穴』が対応します。同じように、KNEEは「ニイ」で、『仁』が対応します。HEは「ヒイ」という発音なので、「ヒイ」を組み合わせると、答となる漢字『化』が完成します。

問題 5

この問題の答えは？

「血 蟹 貝 血状 酸化 胃 伊達 伸びる」の暗号を解読して、
△2→△1→1→2→3→□
の△・□に入る
アルファベットを答えよ。

Hint!

△2→△1→1→2→3→□の部分は、
エレベーターの階数表示を表しています。

⑤ の解答

A. $\triangle$ ＝ B、 □ ＝ R

解説

「血 蟹 貝 血状 酸化 胃 伊達 伸びる」をそのまま読んで意味の通るように漢字に変換すると、「地下二階地上三階建てのビル」となります。つまり、これは地下二階・地上三階建てのビルのエレベーターの階数表示となっているのです。それを踏まえると、地下二階まであるので、「1」と「2」の前についている△には「地下」を指す「B」が入ります。そして「□」に入るのは、このビルが3階建てだということを踏まえると、「屋上」を示す「R」しかありません。

ちなみに、地下を示す「B」は「Basement」、屋上を示す「R」は「Roof」という英単語の略となっています。

問題 6

□に入る漢字はどれ？

「1 大　2 未　3 川　4 者」

「1 水　2 口　3 果　4 □」

【　我　辞　書　　　】
【不　可　能　文　字】

Hint!

1は1個、2は2個……
何かを加えることを意味します。

⑥ の解答

A. 能

解説

「大→太（点を1つ足すと漢字になる）、未→来（点を2つ足すと漢字になる）、川→州（点を3つ足すと漢字になる）、者→煮（点を4つ足すと漢字になる）」という法則が成り立っています。「水→氷(点を1つ足すと漢字になる)、口→只(点を2つ足すと漢字になる)、果→巣（点を3つ足すと漢字になる)、能→熊（点を4つ足すと漢字になる)」とすれば、同じ法則が成り立ちます。

問題 7

この問題の答えは？

次のアルファベットを並び替えて、
反対語の組を2つ作ってください。

ito syounen

Hint!

反対語の組とは、「open close」のように
反対の意味を持つ単語の組を意味します。

⑦ の解答

A. in out、yes no

> 解説

　反対語の組を2つ作るということは、英単語を4つ作るということでもあります。「ito syounen」にはアルファベットが10字しか含まれていないので、4つの英単語をアルファベット10字で作らないといけません。しかし、アルファベット1字だけで表される英単語では、反対語の組を作ることは困難。つまり、並び替えた際にできる英単語の文字数は、〈2字・2字・3字・3字〉もしくは〈2字・2字・2字・4字〉ということになります。

　その前提で「ito syounen」を並び替えようとしてみれば、『in out』『yes no』という組が浮かびやすくなるかもしれません。

問題 8

○・□・△に入るカタカナは何？

EARTH → ココロ

EAT → オチャ

STOP → ○△□

Hint!

カタカナ部分を英単語に直すと、
EARTH ⇒ HEART（ココロ）、
EAT ⇒ TEA（オチャ）となります。

⑧ の解答

A. **ポスト**

解説

単語において「後ろから1番目」の文字を、「前から1番目」に移動させています。

STOPの上には「←」が2つ付いていたので、「後ろから1番目（P）、2番目（O）」の文字を「前から1番目、2番目」に移動させてみましょう。STOP⇒POSTとなるので、○△□に入るカタカナは、「ポスト（＝POST）」です。

問題 ⑨

□に入る言葉はどれ？

「柔らかな頭は□から」
「知識に意志に危機意識」

{ 魚　お肉
野菜　お水 }

Hint!
音読して、口のかたちに注目してみてください。

CHAPTER 5　問題解決力クイズ

⑨ の解答

A. 魚

(解説)

問題文の文章は、「柔らかな頭は魚から」は「あ段」、「知識に意志に危機意識」は「い段」と、いずれもあいうえおの特定の段に含まれる平仮名のみで構成されています。よって、□に入るのはすべて「あ段」の文字から構成される「魚」となります。

問題 10

この問題の答えは？

→ごとに1画ずつ加えていっても、すべて漢字として成り立つことを意味します（例えば「一 → 一→ 一 」は「一 → 二→ 土 」）。それに従えば、以下は、どういう漢字の流れになる？

Hint!
□が表している漢字は？

の解答

A. 口→日→旦→亘→車

(解説)

□は、口（くち）という漢字を表しています。1画ずつ加えると、口→日→旦→亘→車となります。

問題 11

この問題の答えは？

1、2、3のみを1つずつ用いて、
「9876543210」よりも
値が大きな数を作ってください。

Hint!
中学校の数字で習ったアレを使います。

⑪ の解答

A.

$$3^{21}$$
（3の21乗）

解説

$3^{21}=3×3×3×3×3×3×3×3×3×3×3×3×3×3×3×3×3×3×3×3×3$ ＝10,460,353,203（およそ105億）＞9,876,543,210（およそ99億）というように、9,876,541,210よりも値が大きな数になっています。

ちなみに、2の31乗は、2^{31}＝2,147,483,648（およそ21億）＜9,876,543,210（およそ99億）となるので、この問題の答えにはなりません。

問題 12

○・□に入る漢字は何？

「参堅交雪念雷尊」
という漢字の並びには、
ある法則があります。
「占 ○ □ 周念豊有」
の○・□の漢字の組み合わせを、
以下の中から選んで、
同じ法則に従わせてください。

【春・秋　秋・春　夏・冬　冬・夏】

Hint!

最初のカギカッコ内の漢字に魚偏を付けると、
「鯵 鰹 鮫 鱈 鯰 鱧 鱒」となります。

⑫ の解答

A. 秋・春

解説

「鯵 鰹 鮫 鱈 鯰 鱩 鱒 」を読みに直すと、「あじ かつお さめ たら なまず はたはた ます」というように「あ か さ た な は ま」と並んでいます。同じように、読みに直すと「あ か さ た な は ま」という並びになる漢字を当てはめます。

魚偏に春と書いて鰆（さわら）、魚偏に秋と書いて鰍（かじか）、魚偏に冬と書いて鮗（このしろ）と読むので、○・□に 秋・春 を入れたうえで、2番目のカギカッコ内の漢字に魚偏を付けると、「鮎 鰍 鰆 鯛 鯰 鱧 鮪」となります。読みに直すと、「あゆ かじか さわら たい なまず はも まぐろ」というように「あかさたなはま」と並びます。

問題 ⑬

この問題の答えは？

「─｜％」のカギカッコ内を自由に動かして、「｜％」と同じ意味を持つようにしてください（但し、「｜％」以外の表し方をしてください）。

Hint!

「％」も分解すると…？

の解答

A.

解説

「1／100」は「1％」と同じ意味なので、問題の条件を満たします。

問題 14

黒くぬられた部分に入る都道府県は何？

ま		た	
	ん		っ
■	■	■	■
り	ん	り	つ

Hint!

タテ（上→下）の列と、ヨコ（左→右）の行が、全て意味のある言葉になるようにクロスワードを完成させます。

14 の解答

わかやま
（和歌山）

A.

解説

ヨコの行の上から「まいたけ」「きんけつ」「わかやま」「りんりつ」

※「い」の代わりに「す」、「き」の代わりに「じ」等としても成立します。

問題 15

不等号を1つ直して、ある法則に従わせてください。

月＜火＞水＜木＞金＜土＞日

Hint!
月火水木金土日は何を表していますか？

⑮ の解答

A. 月＜火＞水＜木＞金＜土＜日

> 解説

　答えのように不等号を直せば、地球の衛星である月、太陽系の惑星（火星、水星、木星、金星、土星）、太陽（＝日）の大きさ（直径）を比べた式になります。有効数字2桁で表すと、月の直径はおよそ3,500km、火星の直径はおよそ6,800km、水星の直径はおよそ4,900km（太陽系の惑星で最小）、木星の直径はおよそ140,000km（太陽系の惑星で最大）、金星の直径はおよそ12,000km、土星の直径はおよそ120,000km、太陽の直径はおよそ1,400,000kmとなっています。

問題

この問題の答えは？

一般的な曜日体系では、「土曜日と日曜日が休日、月曜日から金曜日までがウィークデイ、週の真ん中は水曜日」となりますが、ある法則に基づいて曜日を並べ替えてみたところ「土曜日と日曜日が休日、水曜日から木曜日までがウィークデイ」であるような週七日の曜日体系が作られました。そのとき、週の真ん中は何曜日でしょう？　ただし、一週間は日曜日から始まるものとします。

日　水　?　○　?　木　土

Hint!
曜日の表現は実質的に太陽系の星に対応しています。

⑯ の解答

A. # 月曜日

解説

この法則に基づく曜日の並び替えでは、「日水？○？木土」の中に残りの月、火、金のどれかがそれぞれ入ることになります。曜日の表現は実質的に太陽系の星に対応しており、この並び順は 太陽(「日」)から星を太陽から近い順に並べていったものを表しています。

ただし「地球」の代わりに地球の周りを回る衛星である「月」が入っているので、「水金地火木土天海」という配置の中の「地」を「月」に置き換えて、先の曜日の並べ方にあてはめます。すると「日曜、水曜、金曜、月曜、火曜、木曜、土曜」となり、月曜の前後には金曜と火曜が入ることになります。

問題

この問題の答えは？

運賃が10円単位のバスにおいて、1000円以下のどんな運賃にも対応できるように千円札を両替したとき、両替後の硬貨の最少枚数は何枚？

Hint!
この問題の目標タイムは5分です！

の解答

11枚
（500円玉1枚、100円玉4枚、50円玉1枚、10円玉5枚）

A.

> 解説

　1回の両替ですべての運賃が支払え、さらにかさばらないように枚数を最も少なくするように両替するとこのようになります。　ただし、実際のバスでは500円以上の運賃を払うことはあまりないので、100円玉9枚、50円玉1枚、10円玉5枚が出てくることが多いようです。

問題 18

この問題の答えは?

「○□P○□M○□」
○・□にアルファベットを対応させて、日本の国民的キャラクターの名前にしてください。

Hint!
この問題の目標タイムは3分です!

の解答

ANPANMAN
（アンパンマン）

A.

解説

○の直前には、PやMという子音があります。「日本」の国民的キャラクターなのでローマ字表記だろうと考えると、○には母音（A・I・U・E・O）のいずれかが入るだろうと予測できます。○にAを当てはめると、「A□PA□MA□」となります。このローマ字表記をカタカナに直すと、「ア□パ□マ□」となります。ここまでくれば、答が「アンパンマン」だと気付くはずです。実際に、グッズなどで「ANPANMAN」という表記を見かけます。

問題 19

黒い線の上を通って、AからBまで最短距離で移動する際の道順は何通り？

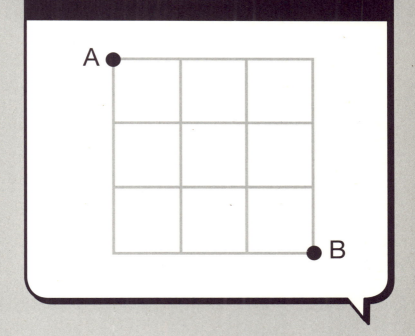

Hint!
一切の細工を加えてはいけません。

⑲ の解答

A. 20通り

解説

すぐ右にある点への移動を『→』、すぐ下にある点への移動を『↓』で表すと、【→→→↓↓↓】を1列に並び変える方法は何通りあるかを求めることになります。【↓↓↓→→→】【↓↓→↓→→】【↓↓→→↓→】【↓↓→→→↓】【↓→↓↓→→】【↓→↓→↓→】【↓→↓→→↓】【↓→→↓→↓】【↓→→↓↓→】【↓→→↓→↓】【↓→→→↓↓】【→↓↓↓→→】【→↓↓→↓→】【→↓↓→→↓】【→↓→↓↓→】【→↓→↓→↓】【→↓→→↓↓】【→→↓↓↓→】【→→↓↓→↓】【→→↓→↓↓】【→→→↓↓↓】の20通り存在します。ちなみに、数学の世界では「組み合わせ問題」として知られていて、6×5×4÷3÷2＝20 という計算によって、一発で求められます。

問題 20

この問題の答えは？

「ひい、ふう、……」と数えると「みい（3）」で初めて上唇と下唇がつきます。
では、「いち、に、さん、……」と数を数えていったとき、唇の上下が初めてつくのはいくつ？

Hint!

唇の上下がつくのは、「マ行・バ行・パ行」を発音するときのみです。「いち、に、さん、し（よん）、ご、ろく、しち（なな）、はち、きゅう」には含まれません。

 の解答

さんびゃく
(300)

A.

解説

　ヒントにあることの次に位を考えると、「じゅう、ひゃく、せん、まん、…」と「まん」で初めてマ行の音が出てくるので、答えは「いちまん（10000）」と思われるかもしれませんがこれは間違いです。「さん」と「ひゃく」が結びついたときに「さんびゃく」と音が変わることに気づけたでしょうか。同様に、「ろっぴゃく（600）」「はっぴゃく（800）」のときも唇がつきます。このように、上下の唇をつけて発する音のことを「動唇音（どうしんおん）」といい、腹話術における最大の難問の一つですが、腹話術師のいっこく堂さんはこれらの音を唇を動かすことなく発音できることで知られています。

東京大学クイズ研究会
〈作問メンバー〉

石川雄基　安達 光　近藤広崇　佐藤克典　白須結人

高橋良輔　中本周平　西川久司　三野高正

他有志

本書は2010年に小社より刊行した
『クイズIQ東大脳にチャレンジ!』
に大幅に改編を加え、新たに刊行したものです。

本文デザイン・DTP　orangebird

著者紹介

東京大学クイズ研究会
1982年創立。大学のクイズ研究会の中でも有数の伝統を誇り、『全国高等学校クイズ選手権』(日本テレビ)、『パネルクイズ アタック25』(朝日放送)、『東大王』(TBS)など、さまざまなクイズ関連のテレビ・ラジオ番組、雑誌等で名を馳せるツワモノが集まる高IQ集団。略称はTQC(TOKYO UNIV.QUIZ CLUB)。新しいクイズの研究・発表のかたわら、テレビのクイズ番組等に多くの問題を提供している。

頭がサクッと！よくなる 東大クイズ

2018年2月5日　第1刷
2018年5月30日　第3刷

著　者　　東京大学クイズ研究会

発行者　　小澤源太郎

責任編集　株式会社プライム涌光
　　　　　　　　　　電話　編集部　03(3203)2850

発行所　　株式会社青春出版社
　　　　東京都新宿区若松町12番1号〒162-0056
　　　　　　　振替番号　00190-7-98602
　　　　　　　電話　営業部　03(3207)1916

印刷・大日本印刷　　製本・ナショナル製本

万一、落丁、乱丁がありました節は、お取りかえします
ISBN978-4-413-11247-5 C0076
©The University of Tokyo Quiz Club 2018 Printed in Japan

本書の内容の一部あるいは全部を無断で複写(コピー)することは著作権法上認められている場合を除き、禁じられています。

できる大人の大全シリーズ

3行レシピでつくる
おつまみ大全

杵島直美　検見﨑聡美

ISBN978-4-413-11218-5

小さな疑問から心を浄化する!
日本の神様と仏様大全

三橋健(監修)/ 廣澤隆之(監修)

ISBN978-4-413-11221-5

もう雑談のネタに困らない!
大人の雑学大全

話題の達人倶楽部［編］

ISBN978-4-413-11229-1

日本人の9割が知らない!
「ことばの選び方」大全

日本語研究会［編］

ISBN978-4-413-11236-9